1. Traurig sein…

von

Johann Henseler

Robbi, Locki, Zotteli, Strähni, Borsti, und

Sweety

©Johann Henseler, Körnerstr.20, 40721 Hilden,

email: johann.henseler@t-online.de

Abschied nehmen für immer

An einem Dienstag im Frühling soll die Kinderbande Dame Rose nicht besuchen, weil sie sehr krank geworden ist. Der Arzt möchte, dass Dame Rose nur Besuch von den engsten Angehörigen erhält. „Angehörige habe ich keine mehr", sagt Dame Rose. „Meine engsten Freunde sind die Kinder der Kinderbande."

Darum dürfen die Kinder der Kinderbande Dame Rose doch besuchen. Sie haben ihr Taschengeld zusammengelegt und für Dame Rose 6 Orangen gekauft, weil sie gehört haben, dass die sehr gesund sind.

Dame Rose freut sich sehr, als die Kinderbande sie besucht. Sie liegt im Bett und ist zu schwach zum Aufstehen.

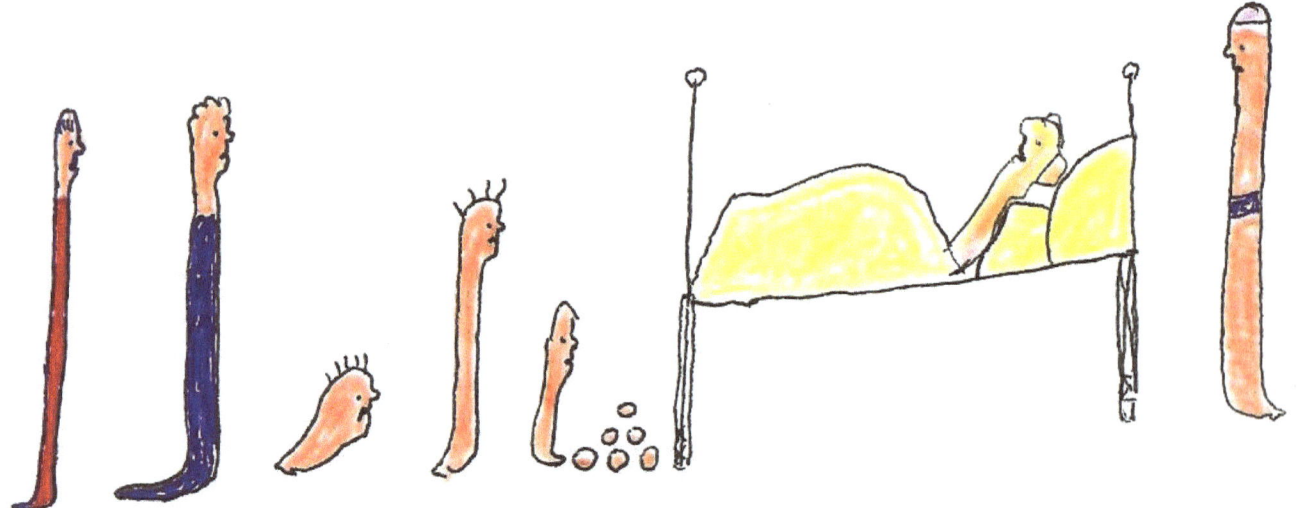

„Du musst die Orangen essen, dann kannst du wieder aufstehen und bist gesund!", ruft Sweety.

„Das mache ich, wenn ihr wieder gegangen seid!", lächelt Dame Rose. „So lange lege ich die Orangen auf den Nachttisch."

Kurz danach ist sie eingeschlafen und die Kinder verlassen wieder das Krankenzimmer.

Am nächsten Tag werden die Kinder zu Dame Rose gerufen. Sie sollen sofort kommen. Sie eilen zum Bett von Dame Rose, der es sehr schlecht geht. Sie atmet sehr schwer.

„Ich möchte mich von euch verabschieden!", flüstert sie keuchend.

„Wo willst du denn hin?", fragt Sweety. „Du kannst doch immer noch nicht aufstehen!"

„Ich muss bald diese Welt verlassen. Wohin ich gehe, weiß ich nicht."

Weil die anderen Kinder still sind, sagt Sweety jetzt auch nichts mehr.

„Gebt mir alle einen Abschiedskuss auf meine Wange!", röchelt sie.

Nacheinander küssen alle Dame Rose auf die Wange, Zotteli weint dabei, Robbi ist ganz blass. Da muss Sweety auch weinen.

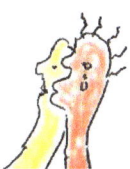

„Jetzt kann ich in Frieden von euch gehen!", murmelt Dame Rose und schließt erschöpft ihre Augen.

Leise verlässt die Kinderbande das Zimmer.

Zwei Tage später stirbt Dame Rose.

Hoffen

Die Kinder sitzen bedrückt und still zusammen, nachdem sie gehört haben, dass Dame Rose gestorben ist.

Nur Sweety ist unruhig und rutscht hin und her. Schließlich platzt sie heraus: „Was ist eigentlich gestorben?"

Strähni flüstert: „Wenn Dame Rose gestorben ist, dann ist sie tot. Sie lebt nicht mehr."

„Ist sie dann weg?"

„Nein, ihr Körper ist noch da, aber sie kann nicht mehr sprechen, denken, lachen, sich bewegen, sie kann gar nichts mehr, der Körper ist ohne Seele. Die Seele hat den Körper verlassen."

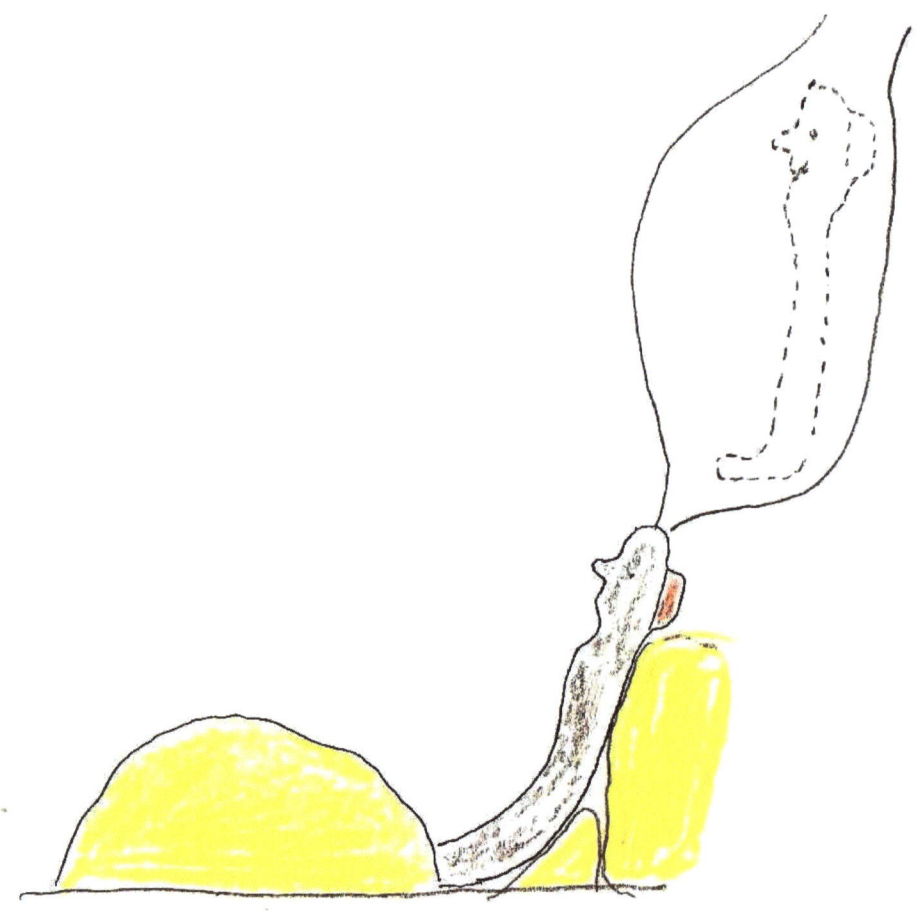

„Ist die Seele nicht gestorben?"

„Wir hoffen, dass sie weiterlebt und nie stirbt."

„Wo geht die Seele denn hin?"

„Das wissen wir nicht."

„Kann die Seele von Dame Rose denn sehen, was wir machen?"

„Das hoffen wir."

„Treffen wir später, wenn wir Seelen sind, die Seele von Dame Rose wieder?"

„Das hoffen wir!"

„Was ist überhaupt hoffen?"

„Wenn man hofft, dann möchte man, dass etwas so ist oder so geschieht, wie man es gerne hätte, aber man weiß vorher nicht, ob es wirklich so ist oder so geschieht."

„Wenn ich zu Weihnachten ein bestimmtes Geschenk möchte, hoffe ich dann?"

„Ja, wenn du es kann bekommst, hat sich die Hoffnung erfüllt."

„Dann sehen wir auch die Seele von Dame Rose wieder, denn ich habe Weihnachten immer die Geschenke bekommen, die ich mir gewünscht habe! Wir brauchen jetzt nicht mehr traurig zu sein!"

Da sind die Kinder nicht mehr ganz so traurig.

Zu Grabe tragen

Bald ist die Beerdigung von Dame Rose. Vier starke Männer tragen ihren Sarg. Dahinter gehen die Kinder, dann folgen viele andere, die Dame Rose kannten. Einige von ihnen weinen.

Am Grab dürfen die Kinder sich verabschieden. Es ist ganz still, alle schauen auf sie.

Locki tritt zuerst an das offene Grab. Sie nimmt die Urkunde, lässt sie auf den Sarg fallen und ruft dabei mit fester Stimme: „Du sollst für immer das Ehrenmitglied unserer Kinderbande sein!"

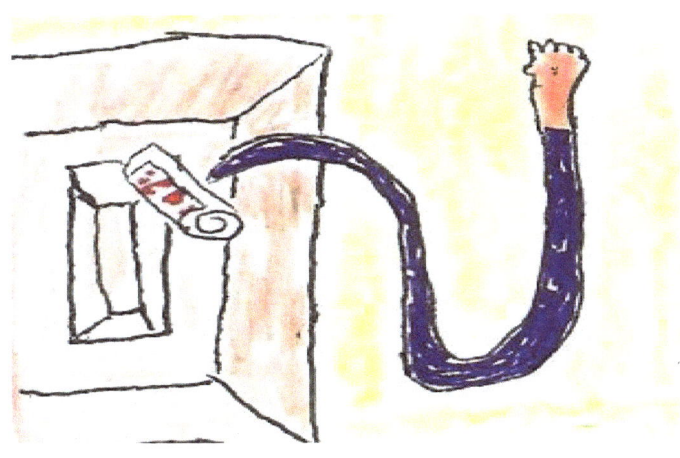

Dann folgt Sweety: „Damit du in der anderen Welt gesund bleibst!",
ruft sie und wirft eine Orange in das Grab.

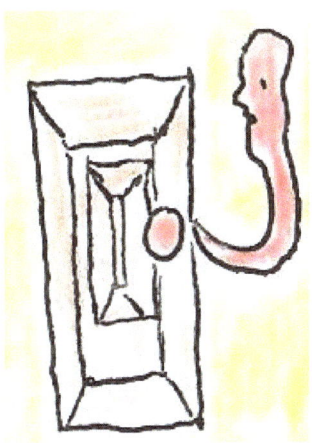

Strähni hat ein Papierflugzeug in der Hand und lässt es ins Grab
segeln. „‚Hoffnung' steht auf seinen Flügeln!", sagt er leise.

Dann treten Borsti und Zotteli zusammen ans Grab. Borsti hält einen Strauß Rosen in der Hand und Zotteli zupft die Blütenblätter ab und wirft sie ins Grab. Im Chor sagen sie laut: „Weil du so heißt, sollen dich die Rosen begleiten."

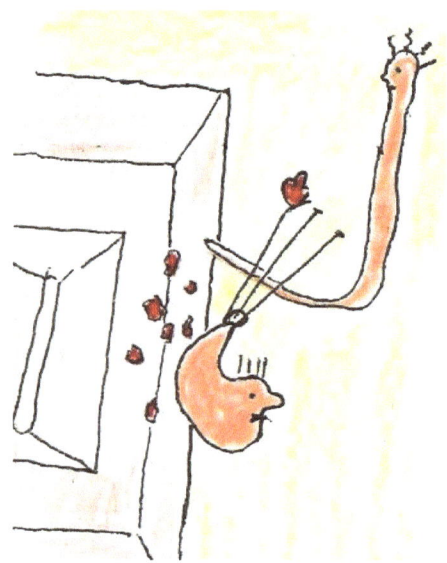

Am Schluss geht Robbi vor das Grab. Er ist sehr blass.

Er schaut in das Grab hinein und sagt laut: „Dame Rose, ich möchte für dich ein Lied spielen. Aber ich kann kein richtiges Instrument spielen. Ich hoffe, dass du trotzdem zufrieden bist."

Er holt einen Kamm hervor, wickelt Pergamentpapier darum und bläst auf dem Kamm erst die Melodie seines Liedes allein, dann singen die anderen Kinder den Text dazu: „Guten Abend, gut Nacht, mit Rosen bedacht, mit Näglein besteckt, schlupf unter die Deck. Morgen früh, wenn Gott will, wirst du wieder geweckt, morgen früh, wenn Gott will, wirst du wieder geweckt."

Da weinen fast alle.

„So schlimm ist es doch nicht!", flüstert Sweety. „Wir sehen uns doch wieder. Wir müssen nur etwas warten!"

Sich erinnern

Einige Tage nach der Beerdigung sitzt die Kinderbande zusammen.

„Wie lange müssen wir denn jetzt noch traurig sein?", fragt Sweety.

„Wir müssen gar nicht traurig sein", antwortet Locki, „und jeder ist anders traurig. Dame Rose wollte immer, dass wir Spaß haben. Wenn wir Spaß haben, dann tun wir das, was sie will. Wir leben so weiter wie bisher."

„Aber leider ohne Dame Rose", schluchzt Robbi.

„Ja, leider!", rufen Zotteli und Borsti gleichzeitig.

„Vergessen wir Dame Rose nicht nach einiger Zeit?", fragt Strähni.

Locki hat eine Idee: „Wir müssen etwas haben, was uns an sie erinnert."

„Aber was?", fragt Robbi.

Das weiß keiner so genau.

Am Tag darauf berichtet Strähni ganz aufgeregt: „Mein Vater hat in der Zeitung gelesen, dass Dame Rose recht viel Geld hatte. Sie will, dass nach ihrem Tod von ihrem Geld ein großer Spielplatz gebaut wird. Der Spielplatz soll ‚Dame - Rose - Spielplatz' heißen."

„Dann hat Dame Rose selbst dafür gesorgt, dass wir uns an sie erinnern!", ruft Robbi.

„Wir haben sogar noch Spaß dabei!", freut sich Zotteli.

„Ja, Robbi und ich spielen Wippe-Fliegen für Sweety!", meint Locki.

„Und Zotteli und Borsti machen mit mir Stapel-Rutschen!", lacht Strähni.

Da freuen sich alle.

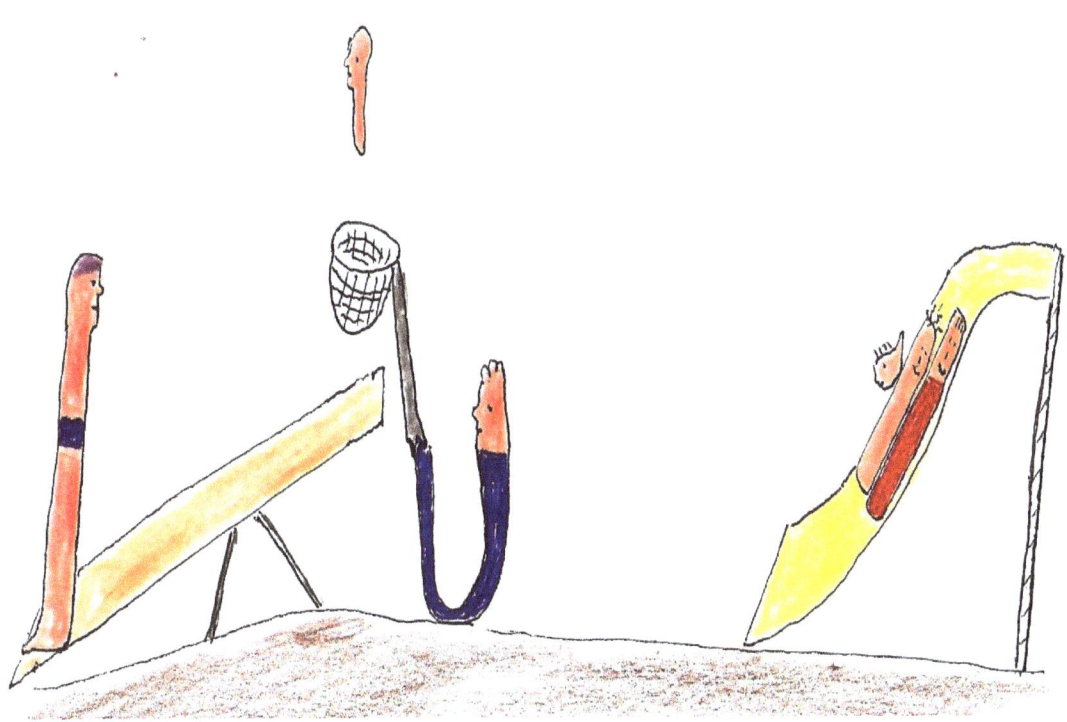

2. Herzschmerzen

von

Johann Henseler

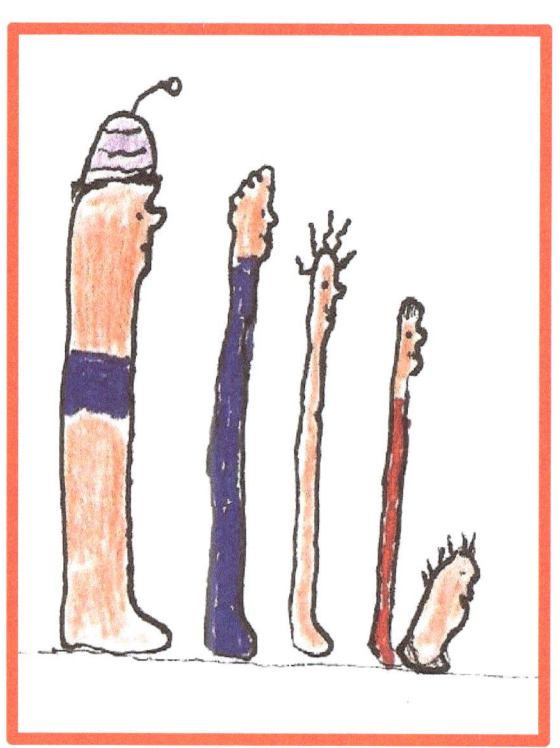

Robbi, Locki, Zotteli, Strähni, Borsti, und

Sweety

Enttäuschung

An einem kalten Wintertag in den Ferien möchte Sweety, wie so oft, Zotteli zu Hause besuchen. Zotteli hat ihr schon beigebracht, einige Noten zu lesen und diese auf dem Klavier zu spielen. Sweety freut sich heute besonders auf den Besuch, weil Zotteli mit ihr ein richtiges Lied einüben will.

Sweety läutet an der Wohnungstür, aber keiner öffnet. Die Eltern von Zotteli sind arbeiten, aber mit Zotteli hat sie sich doch verabredet. „Vielleicht hat Zotteli das Läuten nicht gehört", denkt Sweety und läutet nochmal. Aber wieder rührt sich nichts.

Sweety schaut hinauf zum Fenster von Zottelis Kinderzimmer. Sie sieht, wie Zotteli zwischen den Gardinen aus dem Fenster nach unten schaut. Ihr Gesicht ist blass, ihre Augen rot, so als ob sie viel geweint hätte.

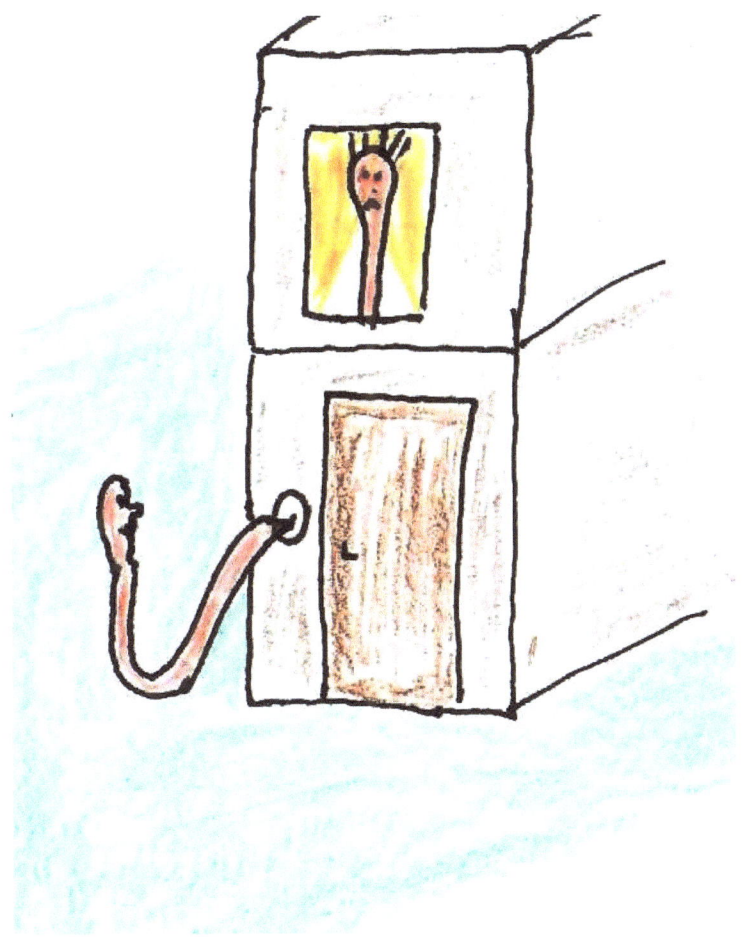

Als sie merkt, dass Sweety sie gesehen hat, geht sie vom Fenster weg, öffnet aber nicht die Tür, auch nicht, als Sweety Zottelis Namen ruft.

Sweety wartet noch eine Weile, dann wird es ihr zu kalt. Sie hat einen Kloß im Hals und Tränen in den Augen. „Warum lässt sie mich nicht zu sich herein?", denkt sie. „Habe ich etwas falsch gemacht? Will Zotteli nicht mehr meine Freundin sein?"

Sweety versteht Zotteli nicht und ist sehr enttäuscht.

Zuhause erzählt sie ihrer Mutter Frieda, was sie erlebt hat. Dabei muss sie weinen.

Angst

Am nächsten Tag, einem Samstag, treffen sich Strähni, Borsti, Robbi, Locki und Sweety, die Freunde von Zotteli, vor ihrer Haustür.

Sweety ist ganz unruhig: „Vielleicht macht sie uns auch nicht die Tür auf!"

Aber nach kurzer Zeit wird die Tür geöffnet. Es ist die Mutter von Zotteli, die heute nicht arbeiten muss.

„Das ist aber schön, dass ihr alle kommt. Zotteli ist oben, ihr geht es nicht sehr gut. Geht rauf, ihr kennt ja den Weg!", begrüßt sie die Kinder. Die rennen schnell die Treppe hoch und stürmen in Zottelis Kinderzimmer.

Als sie Zotteli sehen, bleiben sie erschrocken stehen. Zotteli sitzt blass auf ihrer Bettkante und hat rotgeweinte Augen.

Keiner sagt etwas, bis Strähni laut hervorstößt: „Was ist los, Zotteli?" Sofort fängt Zotteli an zu weinen und Sweety, ihre beste Freundin, schmiegt sich an sie und weint mit. Zotteli drückt sie fest an sich und beginnt nach einer Weile zu sprechen.

„Meine Eltern streiten sich jeden Tag und schreien sich dabei an.

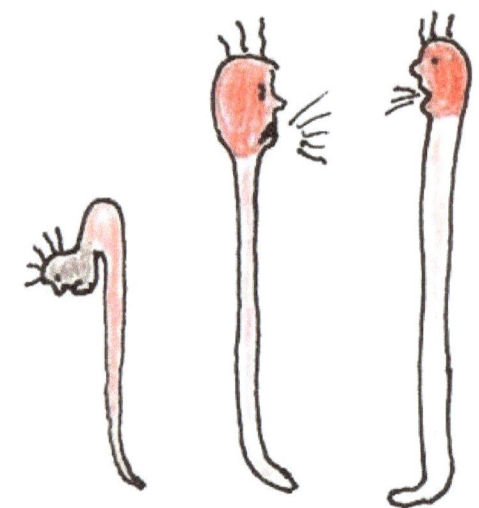

Ich habe solche Angst, dass sie nicht mehr zusammenbleiben wollen, weil sie sich nicht mehr verstehen. Immer, wenn sie Streit haben, bin ich traurig und, Sweety, ich wollte nicht, dass du mich so siehst. Deswegen habe ich dich nicht hereingelassen. Aber ich habe dich genauso lieb wie vorher."

„Ich dich auch! Du musst mit mir reden, wenn du traurig bist, wir sind doch Freundinnen!"

„Und mit uns kannst du auch immer reden!", fügt Locki hinzu.

„Was kann ich denn machen, dass sie sich wieder vertragen?", fragt Zotteli und sieht ganz unglücklich dabei aus.

Alle sehen sich an und wissen nicht, was sie sagen sollen, bis Sweety sagt: „Du brauchst nicht traurig zu sein, bald verstehen sie sich bestimmt wieder!"

Robbi, der die ganze Zeit sehr blass ist, hustet plötzlich und bekommt ein rotes Gesicht. Er räuspert sich und sagt mit einer seltsam krächzenden Stimme: „Meine Eltern haben sich auch nicht mehr verstanden und sich getrennt! Meine Mutter ist dann mit mir weggezogen. Ihr wisst bestimmt noch, dass ich eine Zeitlang in eine andere Schule gegangen bin."

„Ich sage meinen Eltern jeden Tag, dass sie sich nicht streiten sollen. Ich möchte so gern, dass sie sich verstehen. Aber sie hören nicht auf mich!", sagt Zotteli.

„Meine Eltern haben auch nicht auf mich gehört!", krächzt Robbi.

„Vielleicht wird auch alles wieder gut. Solange kommen wir dich so oft, wie du willst, besuchen!", ruft Locki. „Und dann spielen wir mit dir. Dann bist du nicht allein und auch nicht so traurig!"

„Prima!", ruft Borsti. „Am Besten fangen wir gleich damit an!"

Dann spielen alle Wollknäuel.

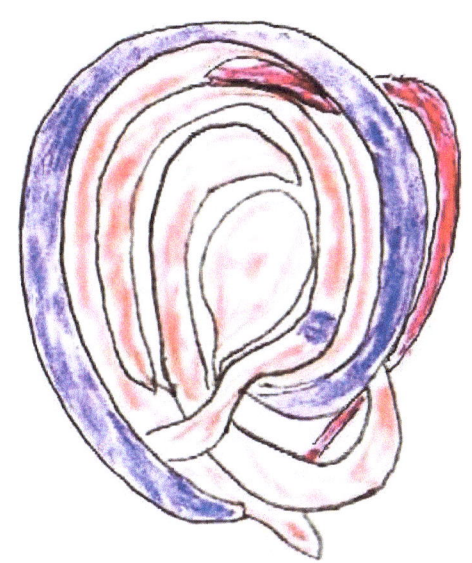

Dabei lacht Zotteli nach langer Zeit wieder zum ersten Mal.

Abschied

Ein paar Tage später kommt Zotteli zu Sweety.

An der Tür sagt sie: „Ich weiß, dass du und die anderen mich besuchen wollt. Aber es gefällt mir nicht mehr zu Hause. Meine Eltern streiten sich so oft. Ich kann das nicht mehr aushalten. Dann komme ich lieber zu dir."

Immer öfter besucht Zotteli in der folgenden Zeit Sweety.

Bei Sweety kann Zotteli auch Klavier spielen und komponieren, oft bringt sie Sweety etwas bei. Dann machen sie zusammen Hausaufgaben und spielen zusammen.

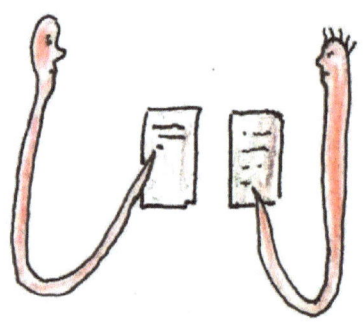

Bald sind sie unzertrennliche Freundinnen.

Als sie wieder einmal zusammen sind, meint Sweety: „Es könnte immer so bleiben, so schön ist das!"

Zotteli schluckt und hat Tränen in den Augen. Sie flüstert: „Meine Eltern wollen sich trennen!"

„Wie schrecklich!" flüstert Sweety zurück und umarmt Zotteli.

„Weißt du, wir sind gar keine richtige Familie mehr!", sagt Zotteli.

„Du hast mich ja!", versucht Sweety sie zu trösten.

Zotteli drückt sie fest an sich: „Ich bin so froh, dass es dich gibt!"

Eine Woche später steht Zotteli weinend vor Sweetys Haustür.

Erschrocken fragt Sweety: „Haben sich deine Eltern jetzt getrennt?"

„Ja, aber das wusste ich schon!", schluchzt Zotteli. „Es ist noch viel schlimmer!"

„Was ist denn passiert?" Inzwischen ist auch Frieda, Sweetys Mutter, hinzugetreten.

„Meine Mutter zieht mit mir aus in eine andere Wohnung in einer anderen Stadt, nach Köln."

Sweety schaut Zotteli groß an, dann versteht sie, was das bedeutet.

„Dann bist du ja weg! Sag, dass das nicht stimmt."

Zotteli antwortet: „Doch, es stimmt!"

Da weinen beide.

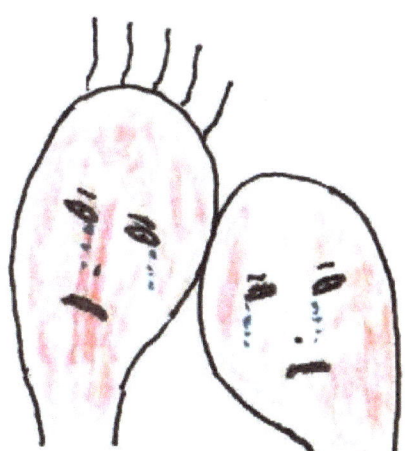

„Jetzt kommt erst mal rein!", sagt Frieda.

Alle setzen sich ins Wohnzimmer, die beiden Freundinnen weinen noch immer.

Frieda nimmt beide in den Arm. „Jetzt beruhigt euch erst mal. Ich habe schon eine Idee!"

Die Freundinnen sehen Frieda an.

Frieda erklärt: „Ich spreche mit Zottelis Mutter. Zotteli darf so oft an Wochenenden und in den Ferien zu uns kommen, wie sie will. Dann könnt ihr euch oft wiedersehen!"

Da lächeln beide etwas.

Eine Woche später zieht Zotteli mit ihrer Mutter nach Köln um.

Sweety winkt ihr zum Abschied und ruft ihr zu: „Bis zum nächsten Wochenende!"

Sie lacht dabei, aber trotzdem laufen ihr die Tränen herunter, ohne dass sie das will.

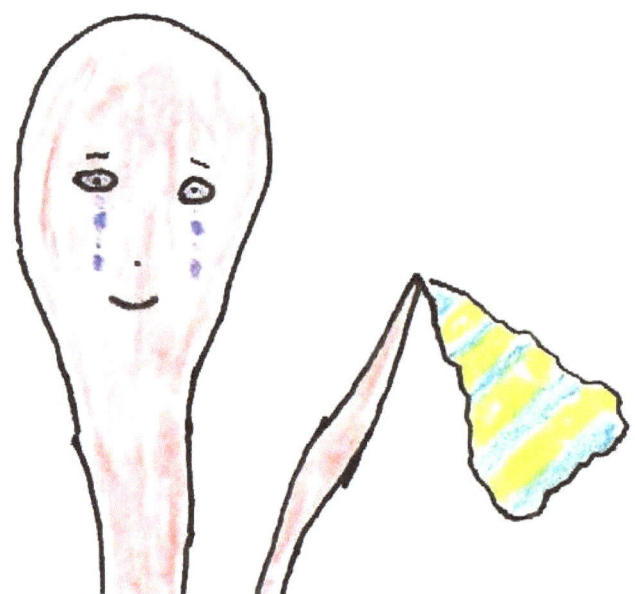

Liebeskummer

Als Zotteli an einem Sonntag bei Sweety ist, läutet es an der Haustür.

Sweety öffnet die Tür und ruft erstaunt: „Locki, wo kommst du denn her? Wo ist Robbi? Willst du mit uns spielen? Komm doch rein, Zotteli ist auch da!"

„Ich weiß!", murmelt Locki. „Ich muss mit euch reden!"

Sie gehen ins Kinderzimmer und setzen sich.

„Was hast du?", fragt Zotteli.

Locki erzählt: „Ihr wisst doch, dass Robbi und ich immer zusammen sind und alles zusammen machen."

„Ja, wir wissen alle, dass ihr ineinander verliebt seid!", wirft Sweety ein.

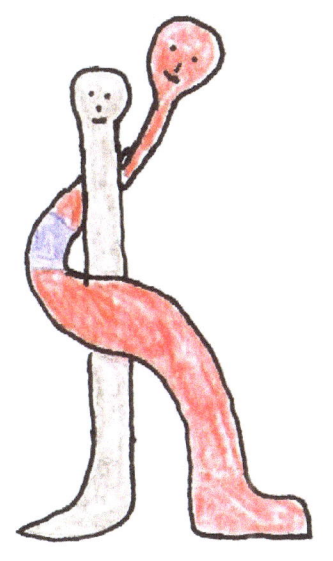

Locki wird ein bisschen rot. „Ja!", sagt sie, „das stimmt!" Sie macht eine kleine Pause und fügt dann mit zittriger Stimme hinzu: „Aber ich glaube, dass es jetzt nicht mehr stimmt!"

Sweety ist erstaunt. „Kannst du Robbi nicht mehr leiden?"

„Doch! Aber ich glaube, er ist nicht mehr verliebt in mich!"

„Hat er dir das gesagt?", fragt Zotteli.

Als Locki antwortet, ist ihre Stimme noch viel zittriger als vorher: „Das muss er mir nicht sagen. Ich habe ihn mit einem anderen Mädchen gesehen! Er hatte sie fest umschlungen."

„Und was hat er dazu gesagt?", fragt Sweety.

„Ich habe ihm nicht gesagt, dass ich ihn gesehen habe. Ich will nichts mehr mit ihm zu tun haben!", sagt Locki trotzig.

Sweety und Zotteli schauen sich an. Dann fragt Zotteli erstaunt: „Du hast gar nicht mehr mit ihm geredet?"

„Nein, und das will ich auch nicht!", antwortet Locki.

Zotteli und Sweety tuscheln eine Zeit lang, dann sagt Zotteli mit fester Stimme: „Wir meinen, dass du erst mit Robbi reden musst, bevor du mit uns redest. Wir gehen mit dir aber zuerst zu Strähni. Ich weiß, dass auch Borsti da ist. Dann hören wir mal, was die Beiden meinen!"

Damit ist Locki einverstanden.

Zur selben Zeit besucht Robbi seine Freunde Strähni und Borsti, um mit ihnen über Locki zu reden.

Aufgeregt berichtet er: „Ihr wisst ja, dass Locki und ich ineinander verliebt sind, und das ist das Schönste der Welt. Aber seit zwei Tagen will sie sich nicht mehr mit mir treffen, ja, sie redet gar nicht mehr mit mir. Ich weiß nicht, ob sie mich überhaupt noch mag!"

„Was ist denn passiert?", fragt Borsti.

„Nichts! Alles war so, wie vorher!", antwortet Robbi. „Ich habe Locki ja gefragt, aber sie hat nur geschluchzt und nichts gesagt. Was soll ich nur machen?"

In diesem Augenblick läutet es an der Haustür und als Strähni öffnet, stehen Zotteli, Sweety und Locki davor.

„Kommt rauf, ihr kommt gerade richtig!", begrüßt sie Strähni.

Als sie ins Kinderzimmer eintreten und Locki Robbi sieht, will sie zuerst wieder zurückgehen. Aber Sweety berührt sie und flüstert: „Wir sind doch bei dir!" Sie bemerkt, dass Locki zittert und Robbi nicht ansehen will.

Robbi hat vor Aufregung wieder eine krächzende Stimme: „Locki, liebe Locki, was ist los? Warum bist du so zu mir?"

„Das weißt du ganz genau!", antwortet Locki leise.

„Ich habe keine Ahnung! Habe ich was falsch gemacht?", krächzt Robbi.

Locki wendet sich mit Tränen in den Augen ab und wird vor Aufregung ganz blau.

Da fragt Zotteli: „Robbi, wer ist das Mädchen, mit dem du vor einigen Tagen eng umschlungen spazieren gegangen bist?"

Robbi schaut sie groß an.

„Das ist Yola, meine Schwester. Sie wohnt bei meinem Vater in einer anderen Stadt und kommt nur sehr selten, sie ist nämlich…"

Er unterbricht sich: „Locki, hast du etwa geglaubt, dass ich noch eine andere Freundin habe? Locki, das würde ich doch nie machen!"

Als Locki das hört, läuft sie zu Robbi und umarmt ihn. „Und ich dachte schon… Robbi, ich bin so froh!" Dabei wird sie vor Aufregung besonders blau.

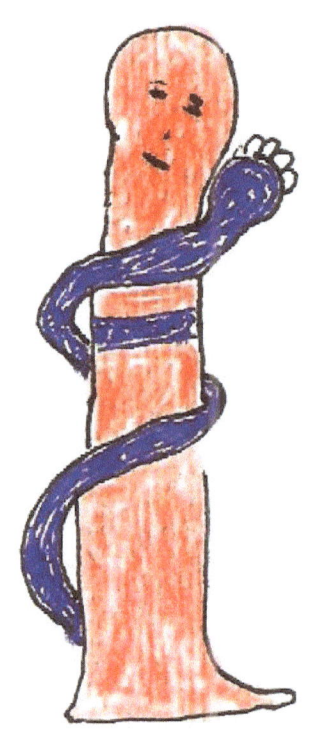

Dann tanzt sie so lange um Robbi herum, bis Robbi mittanzt.

Die Freunde lachen erleichtert, als sie das sehen.

Sorge und Mitleid

Nach einiger Zeit fragt Strähni: „Robbi, du wolltest etwas über deine Schwester Yola erzählen!"

Sofort wird Robbi ernst. „Eigentlich will Yola nicht, dass ich von ihr erzähle, darum wisst ihr auch jetzt erst, dass ich eine Schwester habe. Sie ist sehr krank und muss am Wochenende immer zur Untersuchung. Ich besuche sie manchmal, diesmal ist sie zu mir gekommen. Wenn wir spazieren gehen, muss ich sie fest in den Arm nehmen, weil sie nicht lange allein gehen kann. Sie möchte nicht, dass andere über ihre Krankheit reden. Sie möchte so sein, wie die anderen Kinder, aber es geht nicht. Weil sie so oft krank ist, hat sie keine richtige Freundin, und ich wohne auch zu weit weg."

Robbi macht ein bekümmertes Gesicht. „Ich mache mir solche Sorgen um sie!"

„Wo wohnt sie denn?", fragt Zotteli.

„In Köln!", sagt Robbi.

„Da bin ich mit meiner Mutter auch vor einiger Zeit hingezogen! Ich könnte Yola mal besuchen!", schlägt Zotteli vor.

„Und ich könnte dich begleiten, wenn du sie besuchst!", meint Locki.

„Dann wird sich Yola bestimmt freuen!", lächelt Robbi.

An einem Samstag wollen Robbi und Locki Robbis Schwester Yola besuchen. Yola muss wegen ihrer Krankheit jetzt lange im Krankenhaus bleiben. Vor ihrem Besuch treffen Robbi und Locki Zotteli, die sie begleiten möchte. Locki hat Yola nur von Weitem gesehen, Zotteli kennt Yola gar nicht.

Robbi erklärt: „Denkt daran, dass ihr mit Yola so sprecht, wie mit anderen Kindern. Yola möchte nicht, dass sie über ihre Krankheit reden muss, sonst wird sie traurig. Gerade wenn wir da sind, möchte sie aber so fröhlich wie möglich sein."

Als die Drei das Krankenzimmer betreten, sehen sie, dass Yola blass im Bett liegt.

Robbi gibt ihr zur Begrüßung einen Kuss, die anderen überreichen ihr Süßigkeiten. Locki hat sich etwas Besonderes überlegt: Sie hat einen Schminkkoffer mit vielen Farbschminken mitgebracht.

Dann beginnen sie, zusammen einen nach dem andern zu schminken, bis alle ganz bunt sind. Yola macht mit und lässt sich selbst auch farbig schminken. Sie lachen alle die ganze Zeit, weil sie so albern aussehen.

Als Yola eine Pause braucht, erzählt Zotteli einen Witz: „Warum soll ein Regenwurm keinen Igel heiraten?", fragt sie. Die Anderen versuchen die Antwort zu erraten und auch Yola ruft aufgeregt dazwischen: „Die können doch keine Kinder kriegen!" „Doch!", sagt Zotteli. „Aber die Kinder sehen aus wie Stacheldraht!" Einen Moment ist es still, dann lachen alle laut los, Yola am lautesten.

Als die Kinder sich von Yola verabschieden, bleibt Robbi noch etwas allein bei seiner Schwester, während Zotteli und Locki vor der Tür warten.

Nach einiger Zeit kommt Robbi aus dem Zimmer und sagt mit krächzender Stimme: „Yola hat gesagt: Ich muss sicher bald sterben, aber heute war ein schöner Tag in meinem Leben!"

Da müssen alle Drei weinen.

Bibliografische Information der Deutschen Nationalbibliothek:
Die Deutsche Nationalbibliothek verzeichnet diese Publikation
in der Deutschen Nationalbibliografie; detaillierte bibliografische
Daten sind im Internet über dnb.dnb.de abrufbar.

Herstellung und Verlag: BoD – Books on Demand, Norderstedt

ISBN 978-3-7481-1241-9